Anu Stohner ✫ Henrike Wilson

Der kleine Weihnachtsmann – seine schönsten Abenteuer

Carl Hanser Verlag

Für meine Mutter von ganzem Herzen. H. W.

Der kleine Weihnachtsmann

Weit, weit im Norden, wo der erste Schnee fällt, wenn bei uns noch Sommer ist, liegt gut versteckt das Dorf, in dem die Weihnachtsmänner wohnen. 🌲 Dort lebte einmal ein kleiner Weihnachtsmann, der die Weihnachtszeit gar nicht

erwarten konnte. Immer war er der Erste, der sein Tannenbäumchen aus dem großen Wald holte. Und immer hatte er als Erster seinen Schlitten geputzt, seine Stiefel poliert und seinen Mantel ausgeklopft.

Wenn die anderen Weihnachtsmänner noch überlegten, was sie den Kindern bringen sollten, hatte der kleine Weihnachtsmann die Geschenke längst fertig und eingepackt.

Am liebsten schenkte er Sachen, die er selber bastelte. Er konnte jedes Spielzeug: bunte Autos und gefleckte Hunde, Schaukelpferde, Puppenhäuser …

Und er konnte wunderbare Plätzchen backen. Er konnte Zimtsterne, Lebkuchen, Bärentatzen … Und seine Pfefferkuchen waren die besten auf der ganzen Welt. ✩ Wenn alle Geschenke eingepackt und alle Plätzchen gebacken

waren, freute er sich auf die Reise zu den Kindern wie kein anderer Weihnachtsmann. – Und dann war es jedes Jahr dasselbe …

»Nein, du darfst nicht mit«, sagte der Oberweihnachtsmann, der im Dorf der Weihnachtsmänner alles zu bestimmen hatte. »Du bist zu klein.« »Die Kinder lachen sich ja schief«, rief ein frecher Jungweihnachtsmann. »Wenn sie

ihn überhaupt sehen«, lachte ein anderer. »Auf seinem Mickerschlitten«, rief ein dritter. Das war gemein, und es hätte nicht viel gefehlt, dann hätte der Oberweihnachtsmann sie auch zu Hause gelassen.

Aber es gab so viel zu verschenken in diesem Jahr, da konnte er auf die Jungweihnachtsmänner nicht verzichten. Darum guckte er nur ganz streng und sagte: »Wollt ihr euch wohl benehmen!« ✩ Und zu dem kleinen

Weihnachtsmann sagte er: »Nächstes Jahr vielleicht.« ✩ Aber daran mochte der kleine Weihnachtsmann langsam nicht mehr glauben.

Als die anderen Weihnachtsmänner abreisten, wollte der kleine Weihnachtsmann nichts hören und nichts sehen. Er schloss die Fensterläden und blieb ganz allein in seinem Zimmer. Es machte ihm nichts aus, dass er kleiner war

als die anderen. Aber dass er nicht mit auf die Reise zu den Kindern durfte, machte ihn ganz traurig. ✩ Erst am Abend, als alles still und verlassen lag, ging er aus dem Haus.

Wenn er nicht reisen durfte, wollte er sich wenigstens ein bisschen die Beine vertreten. Die Sterne funkelten, aber der kleine Weihnachtsmann schaute nicht zu ihnen hinauf. Irgendwo da oben waren jetzt die anderen mit ihren

Rentierschlitten … ✩ Da plötzlich hörte er Stimmen aus dem großen Wald. Im großen Wald wohnten die Tiere. Was die so spät am Abend wohl noch zu besprechen hatten? ✩ Wie gut, dass er so klein war!

So konnte er sich anschleichen, ohne dass die Tiere ihn bemerkten. Sie waren alle da: das Eichhörnchen und der Hase, der Bär, das Reh, die Mäuse … Und alle hatten schlechte Laune. »Es ist gemein«, brummte der Bär. »Zu den

Menschen kommen die Weihnachtsmänner, aber zu den Tieren nicht.« »Dabei hätten sie's zu uns nicht mal weit«, mummelte der Hase. »So war es immer«, sagte die alte Eule. »Ich fürchte, das wird sich niemals ändern.«

Es änderte sich aber doch! Denn kaum hatte der kleine Weihnachtsmann das gehört, schlich er sich leise, leise davon und lief nach Hause. ✩ Einmal schnell in den Spiegel geschaut und die Geschenke auf den Schlitten gepackt,

dann machte er sich wieder auf den Weg. Nur Rentiere hatte er keine, die waren ja alle unterwegs. Aber bis zum großen Wald konnte er den Schlitten auch schieben.

An diesem Abend feierten die Tiere ein Fest, so etwas hatte der große Wald noch nicht gesehen. Der kleine Weihnachtsmann brachte jedem Tier ein Geschenk, aber am meisten freute sich der brummige Bär: Er hatte noch nie

im Leben etwas geschenkt bekommen. Und am stolzesten war die Eule: Sie bekam einen neuen Pullover und war bestimmt der schickste Vogel im Wald.

Gleich als die anderen Weihnachtsmänner zurück waren, ging der kleine Weihnachtsmann zum Oberweihnachtsmann und erzählte ihm, was er im großen Wald erlebt hatte. Da staunte der Oberweihnachtsmann nicht schlecht und

ernannte ihn zum Weihnachtsmann der Tiere. ✩ »Bravo!«, riefen die anderen Weihnachtsmänner und ließen ihn hochleben. Drei Mal! Seitdem ist der kleine Weihnachtsmann genauso wichtig wie die großen …

Alle

Jahre

wieder!

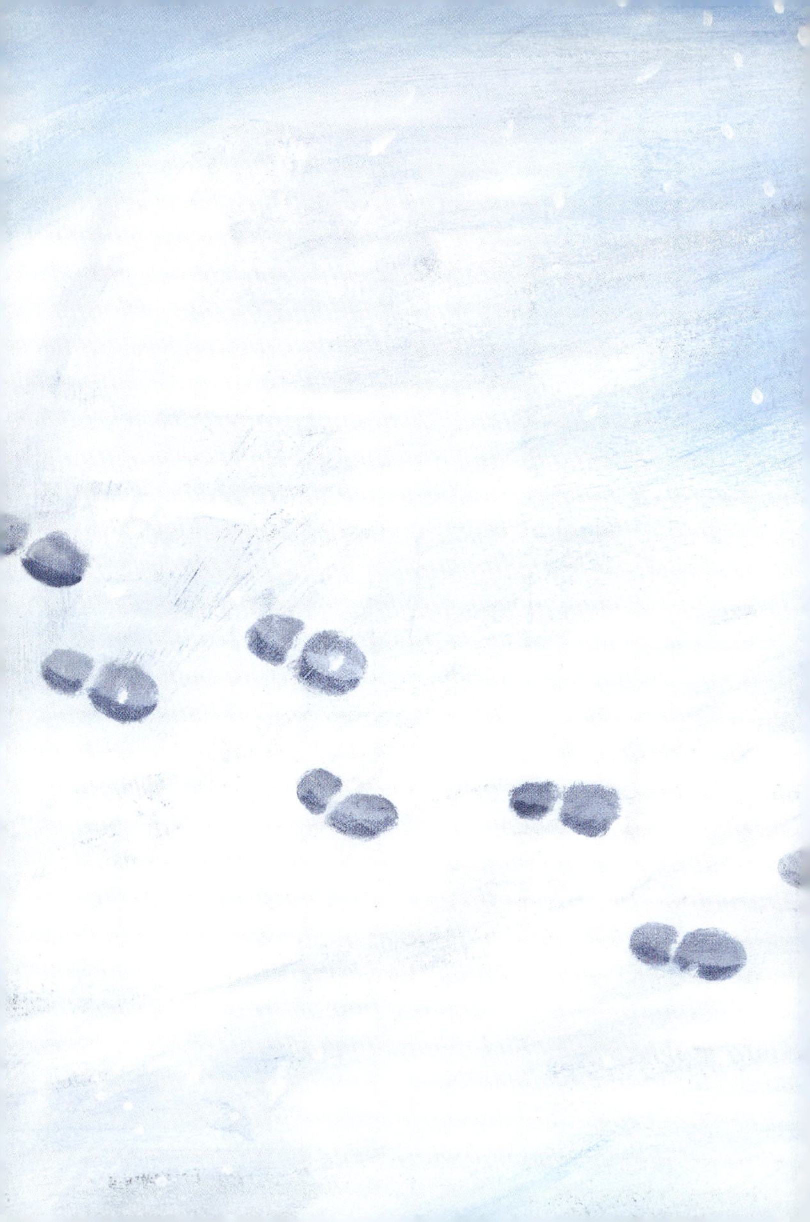

Der kleine Weihnachtsmann geht in die Stadt

Weit im Norden, in dem Dorf, wo alle Weihnachtsmänner wohnen, lebte auch der kleine Weihnachtsmann. Er bastelte Geschenke und backte Plätzchen wie die großen Weihnachtsmänner. Aber wenn die zu den Menschenkindern

reisten, blieb der kleine Weihnachtsmann da und brachte Geschenke in den Wald. Er war der Weihnachtsmann der Tiere.

Eines Tages aber brachte ihm der Postbote einen Riesensack voll Briefe. Sie kamen alle aus der Stadt. Die Stadttiere hatten sie geschrieben. Warum der kleine Weihnachtsmann nur zu den Tieren im Wald käme, wollten sie wissen.

Das könnten sie nicht verstehen, und es sei gemein. Der kleine Weihnachtsmann wurde ganz traurig, als er das las. Geschenke für alle Tiere hatte er genug. Aber in die Stadt reisten nur die großen Weihnachtsmänner.

Der kleine Weihnachtsmann nahm die Briefe und ging damit zum Oberweihnachtsmann, der wusste immer einen Rat. Aber diesmal nicht. ✩ »Tja, kleiner Weihnachtsmann, was soll man da machen?«, brummte er in seinen schönen

langen Bart. »Für dich ist es in die Stadt zu weit. Und die großen Weihnachtsmänner können unmöglich noch mehr auf ihre Schlitten packen. Sie schaffen ja kaum die vielen Geschenke für die Menschenkinder.«

Der Oberweihnachtsmann hatte recht: Es war wirklich weit in die Stadt. Und der kleine Weihnachtsmann musste seinen Schlitten immer selber ziehen. Oder schieben. Die Rentiere brauchten alle die großen Weihnachtsmänner. Der kleine Weihnachtsmann grübelte und grübelte. Er hatte nur noch eine

Woche Zeit. Er saß vor seinem Haus und schaute in die Winternacht und merkte erst am Morgen, dass er vergessen hatte, ins Bett zu gehen. Aber eine Idee war ihm doch gekommen. Er wollte mit der Eule reden.

Die Eule war das klügste Tier im ganzen Wald. Sie musste nicht mal lange überlegen. Dann sagte sie: »Wir kommen alle mit. Der große weiße Bär zieht den Schlitten, die anderen schieben, ich fliege voraus – so wird es gehen.«

»Aber wer kennt den Weg?«, fragte der kleine Weihnachtsmann. 🌲 »Die Feldmaus«, sagte die Eule. »Sie hat Verwandte in der Stadt. Denen kann sie auch gleich schreiben, dass wir kommen.«

Die Tiere im Wald waren alle einverstanden. Früh am Morgen zogen sie los, während die großen Weihnachtsmänner noch schliefen. ✩ Sie zogen durch den verschneiten Winterwald und über die wilden Berge. Die waren so

hoch, dass alle ins Schwitzen kamen, sogar das Murmeltier, das bis dahin zwischen den Geschenken gelegen und geschlafen hatte. Jetzt stand es oben auf den Päckchen und rief: »Hopp! Und hopp! Und alle hopp!«

Hinter den wilden Bergen ging es über den zugefrorenen See. Der war so riesengroß und weiß, dass sie sich beinahe verlaufen hätten. Aber da kam ihnen der Schneehase zu Hilfe. Den konnte man kaum sehen, aber auf dem

großen See kannte er sich aus. Der kleine Weihnachtsmann freute sich im Stillen, dass er ihm ein besonders schönes Geschenk eingepackt hatte. Die weiße Zipfelmütze würde ihm bestimmt gefallen.

Es wurde schon Abend, da machten sie eine kleine Rast. »Seht nur!«, rief plötzlich das Murmeltier. Es hatte in der Ferne ein Lichterband entdeckt. Ein bisschen unheimlich sah es aus, wie eine funkelnde Schlange, die sich

langsam durch die Nacht bewegte. »Das ist die Eisenbahn«, sagte der Elch. »Und der Lichtschein hinterm Berg«, rief die Eule von ihrem Ast, »das ist die Stadt.«

Nicht lange, dann erreichten sie die ersten Häuser. Die Straßen lagen still verschneit, aber alle Fenster waren hell erleuchtet. Und drinnen sah man immer wieder rote Mäntel oder Zipfelmützen blitzen. Die großen Weihnachtsmänner

waren schon bei den Menschenkindern. Ein paar Mal sahen sie auch einen um die Ecke huschen, und der Hase mit den langen Ohren hörte Schlittenglöckchen bimmeln. Nur von den Stadttieren sahen und hörten sie nichts.

Bis sie beim großen Kaufhaus um die Ecke bogen. Dort stand mitten auf der Straße die Stadtmaus und trappelte ungeduldig mit den Hinterbeinen. »Ganz schön spät!«, rief sie, dass ihre Schnurrbarthaare bebten. »Kommt schnell, sie warten alle schon!« ✩ »So sind sie in der Stadt«, sagte die Feld-

maus leise. »Immer in Eile, aber sie meinen es nicht böse.« ✩ Das hatte der kleine Weihnachtsmann auch schon gehört. Er schmunzelte, während sie der eiligen Stadtmaus folgten.

Die Stadttiere hatten sich beim Weihnachtsbaum auf dem Marktplatz versammelt. Das war ein Jubel, als sie den kleinen Weihnachtsmann kommen sahen! Und eine Freude, als alle ihre Geschenke auspacken durften! Erst die Stadttiere, so hatte es die kluge Eule vorgeschlagen. »Der kleine Weih-

nachtsmann lebe hoch!«, rief der Dackel, der eine Trommel bekommen hatte.
🎄 »Hoch, hoch, hoch!«, riefen alle im Chor. Und der kleine Weihnachtsmann versprach, alle Jahre wiederzukommen.

Der Morgen graute schon, als der kleine Weihnachtsmann und die Waldtiere sich auf den Heimweg machten. Es wurde ein wunderschöner Tag, die Sonne strahlte vom blauen Winterhimmel, und der Schnee glitzerte, als wäre er aus lauter Edelsteinen. Nur das Murmeltier kriegte von all dem nichts mit. Es hatte eine Wärmflasche bekommen und war auf der Stelle damit eingeschlafen.

Der kleine Weihnachtsmann reist um die Welt

Es war alles wie jedes Jahr im kleinen Dorf weit, weit im Norden, wo die Weihnachtsmänner wohnen: Geschenke wurden eingepackt und Plätzchen gebacken, die Schlitten geputzt und die Rentiere gestriegelt – ein Trubel, wohin man schaute!

Nur einer hielt sich heraus aus dem wilden Treiben: der kleine Weihnachtsmann. Er hatte, wie immer, als Erster mit den Weihnachtsvorbereitungen begonnen und war, wie immer, als Erster damit fertig. Jetzt konnte er sich gemütlich einen Schneemann bauen.

»Puh! Nur noch drei Tage!«, stöhnten die großen Weihnachtsmänner. »Willst du uns nicht ein bisschen helfen?« ✩ »Aber Geschenke verteilen könnt ihr dann allein?«, fragte der kleine Weihnachtsmann zurück.

»Ganz schön große Klappe, der Knirps«, lachten die großen Weihnachtsmänner, und der kleine Weihnachtsmann lachte mit. Weihnachtsmänner sind nämlich gar nicht so ernst, wie die Leute immer denken. Und natürlich half der kleine Weihnachtsmann den großen gern.

Dann kam der Tag, an dem die Weihnachtsmänner auf die Reise gehen sollten, die großen zu den Menschenkindern und der kleine zu den Tieren. So war es jedes Jahr, denn der kleine Weihnachtsmann war der Weihnachtsmann der Tiere.

Früh am Morgen des Reisetages trat er vor die Tür – und sah das Dorf wie ausgestorben liegen. Alle Häuser waren dunkel, nur in einem, dem größten, brannte in allen Fenstern Licht. Es war das Krankenhaus, und dem kleinen Weihnachtsmann schwante nichts Gutes.

»Ach du dicker Tannenbaum!«, hörte der kleine Weihnachtsmann den alter Oberweihnachtsmann seufzen, als er vorsichtig in den großen Krankensaa schaute. Dann sah er die Bescherung: Die großen Weihnachtsmänner lagen i den Betten und hatten rote Pickelchen im Gesicht. ✩ »Weihnachtspusteln«, sagt

der Weihnachtsmanndoktor. ✩ »Ansteckend?«, fragte der Oberweihnachtsmann. ✩ »Und wie!«, sagte der Doktor. ✩ »Auweia!«, rutschte es dem kleinen Weihnachtsmann heraus. ✩ Da sahen ihn die beiden und scheuchten ihn hinaus. »Ach du krümeliger Pfefferkuchen!«, hörte er den Oberweihnachtsmann seufzen.

Sämtliche großen Weihnachtsmänner lagen auf der Nase, nur der Oberweih-
nachtsmann und der Doktor nicht. Aber zu zweit konnten sie unmöglich die
Reise zu allen Menschenkindern schaffen. Und der Doktor blieb sowieso besser
bei den Patienten. Jetzt war guter Rat teuer. ✩ »Ich hab's! Die Tiere!«, rief da der

kleine Weihnachtsmann. ✩ »Die Tiere?«, fragte der Oberweihnachtsmann. ✩ »Bestimmt helfen sie gerne mit«, erklärte der kleine Weihnachtsmann. »Der Bär, der Elch, der Fuchs, die Eule – alle!« ✩ »Und du natürlich«, sagte der Oberweihnachtsmann. ✩ »Und ich natürlich«, sagte der kleine Weihnachtsmann.

Damit war die Sache abgemacht. Der kleine Weihnachtsmann musste keines der Tiere zweimal fragen, und am Abend begann, wie jedes Jahr, die große Reise. Den ersten Schlitten lenkte der Oberweihnachtsmann, den zweiten der kleine Weihnachtsmann, den dritten der Bär und immer so weiter. Erst ging es

nach Norden übers große Eis, dann einmal rund um die Welt, über Berge und Täler, Flüsse und Seen, vorbei an Leuchttürmen im Meer und Windmühlen an Land, in die kleinsten Dörfer und in Städte mit mehr Häusern, als die Wälder um das Dorf der Weihnachtsmänner Bäume hatten.

In einer Stadt waren die Häuser so hoch, dass sogar der Eule beinahe schwindlig wurde. Aber das ließ sie sich natürlich nicht anmerken.

Nur die Stadtmaus, die auf ihrem Rücken saß, meinte ein klitzekleines Zittern zu spüren.

Anderswo stand ein Turm ganz aus Eisen, und der Elch wollte wissen, wozu der wohl gut sei. »Für gar nichts, er soll nur schön aussehen«, sagte der schlaue Fuchs.

»Wie die komischen Schaufeln auf seinem Kopf«, kicherten die Feldmäuse, aber das konnte der Elch zum Glück nicht hören.

Wieder anderswo war eine ganze Stadt ins Meer gebaut, und die Straßen waren große und kleine Kanäle. ✩ »Dass mir bloß keiner ins Wasser fällt!«, sagte der Oberweihnachtsmann.

»Keine Angst«, brummte der Bär, »wir können schwimmen.« ✩ Der Hase sagte dazu lieber nichts. Und nur der kleine Weihnachtsmann sah, wie er sich mit der Hinterpfote nachdenklich eines seiner langen Ohren kratzte.

Nur einmal auf der ganzen Reise musste der Oberweihnachtsmann schimpfen mit dem kleinen Weihnachtsmann. Weil er unter einer Brücke durchgeflogen war statt drüber weg, wie es sich gehörte.

Aber der Oberweihnachtsmann war nicht wirklich böse. Als er noch jung war, hatte er das auch mal gemacht. Es war nur so lange her, dass es niemand mehr wusste.

Die ganze lange Nacht dauerte die Reise, und als der Oberweihnachtsmann zu Hause ächzend aus dem Schlitten stieg, da dachte er im Stillen, dass er allmählich ein bisschen alt wurde für solche Abenteuer.

Im nächsten Jahr würde er die Weihnachtsmänner rechtzeitig zum Impfen schicken, dann konnte er vielleicht sogar zu Hause bleiben und Glühwein trinken.

Einen Glühwein machte er sich auch, bevor er sich gemütlich in seinen Lieblingssessel setzte. Der kleine Weihnachtsmann trank heißen Blaubeersaft, es gab leckere Plätzchen, und dann bekamen endlich auch die Tiere ihre Geschenke.

Das war ein Jubel! Nur das Murmeltier merkte davon nichts. Es schlief mitten im Auspacken ein.

Die kranken Weihnachtsmänner kriegten leider nur Süppchen und Arznei. ✩ »Noch mindestens eine Woche«, sagte der Doktor streng. ✩ »Nicht mal Lebkuchen?«, fragten sie. »Es heißt doch, der ist so gesund.«

»Nicht bei Weihnachtspusteln«, sagte der Doktor, und der musste es schließlich wissen. Die Weihnachtsmänner grummelten erst ein bisschen, dann trösteten sie sich mit dem Gedanken, dass es ja auch noch den Silvesterpunsch gab.

Und die Menschenkinder? Die merkten gar nichts von den seltsamen Weihnachtsmännern, denn die hatten so viel Verspätung in jener Nacht, dass alle schon in ihren Betten lagen und schliefen. Dafür war am Morgen, als sie ihre Geschenke fanden, die Freude umso größer. Nur ein kleiner Junge, Olaf hieß er, war nachts wach geworden und hatte heimlich aus dem Fenster geschaut. Seitdem behauptete er steif und fest, der Weihnachtsmann sehe von hinten ein bisschen aus wie ein Elch. Aber das mochte ihm natürlich niemand glauben.

Anu Stohner, geboren 1952 in Helsinki, lebt als freie Autorin und Übersetzerin in der Nähe von Heidelberg. Für ihre Übersetzungen aus dem Finnischen, Schwedischen und Englischen wurde sie mehrfach ausgezeichnet. Neben den Geschichten vom kleinen Weihnachtsmann – zuletzt *Der kleine Weihnachtsmann ganz groß* (2010) – erschienen im Hanser Kinderbuch ihre Bücher vom Schaf Charlotte (2005–2011), *Gute Nacht, Sterne!* (2007) und die Bücher von den Weihnachtsmäusen (2009–2012, illustriert von Reinhard Michl).

Henrike Wilson, geboren 1961 in Köln, studierte dort und in den USA Grafik-Design und Malerei. Heute lebt sie als freie Illustratorin im Taunus. Mit Anu Stohner arbeitete sie bei allen Büchern vom kleinen Weihnachtsmann, bei den drei Bänden vom Schaf Charlotte und bei *Gute Nacht, Sterne!* zusammen. Für das Hanser Kinderbuch illustrierte sie außerdem Bücher von Jostein Gaarder und Rafik Schami. *Das Schaf Charlotte* wurde von der New York Times als eines der bestillustrierten Bücher des Jahres 2005 ausgezeichnet.

Unser gesamtes lieferbares Programm und viele andere
Informationen finden Sie unter www.hanser-literaturverlage.de

Dieser Band enthält die folgenden Titel, die früher einzeln erschienen sind:
»Der kleine Weihnachtsmann« (erstmals erschienen 2002)
»Der kleine Weihnachtsmann geht in die Stadt« (erstmals erschienen 2004)
»Der kleine Weihnachtsmann reist um die Welt« (erstmals erschienen 2006)

1 2 3 4 5 16 15 14 13 12

ISBN 978-3-446-24023-0

Lithos: Fotosatz Amann, Aichstetten
Druck und Bindung: TBB, a.s.,
Printed in Slovak Republic

Wenn ein Oberweihnachtsmann sich zur Ruhe setzt, wählen die Weihnachtsmänner aus ihren Reihen einen neuen, so ist es uralte Sitte. Aber in diesem Advent ist alles ein bisschen seltsam. Die großen Weihnachtsmänner stehen in Grüppchen und tuscheln. Hat der kleine Weihnachtsmann irgendetwas falsch gemacht bei den Vorbereitungen für Weihnachten? Oder wollen sie ihn nicht bei der Wahl dabeihaben? Weil er so klein ist? Der kleine Weihnachtsmann und seine Freunde, die Tiere, sind empört. Dabei ist alles ganz anders …

»Wie seine Vorgänger schon bei Erscheinen ein moderner Klassiker:
Vorlese- und Anschau-Spaß für Groß und Klein.«
Hersfelder Zeitung

Anu Stohner / Henrike Wilson
Der kleine Weihnachtsmann ganz groß
Durchgehend farbig illustriert
32 Seiten. Gebunden

Wenn man neu hergezogen ist, hat man es nicht leicht. Man ist erst mal ein Außenseiter. Wie gerne würde das Mädchen zu Weihnachten im Krippenspiel die Maria spielen, aber die spielt schon Brigitte mit den langen Haaren. Eine dunkelhäutige Maria mit kurzen Haaren, das geht nun wirklich nicht. Doch dann fällt Brigitte aus, und das Mädchen muss spontan einspringen, den Text kann sie in- und auswendig, und am Ende gibt es tosenden Applaus. Ein ungewöhnliches Bilderbuch über Religion, Anderssein und Toleranz, illustriert von Jacky Gleich.

»Eine Geschichte, die nicht zum Silberflitter greifen muss, um das Thema Weihnachten darzustellen. Der Geist der Weihnacht von Charles Dickens hätte seine Freude daran gehabt. Jutta Richter erzählt klar und schlicht, lässt den Leser das denken, was zwischen ihren Zeilen steht, lässt ihn die Sehnsucht und den Schmerz eines Kindes spüren.«
Die Zeit

Jutta Richter / Jacky Gleich
Als ich Maria war
Durchgehend farbig illustriert
32 Seiten. Gebunden